Der Schlüssel liegt in deiner Kindheit

Raus aus der Ohnmacht

Ein Praxisbuch von

MARIA steuer

Herausgeberin: Maria Steuer
Umschlagdesign & Buchgestaltung: Lea Sauerland
ISBN 13: 978-3-00-071565-5

Haftungsausschluss:

Dieses Buch kann Verweise auf bestimmte Informationen enthalten, die sich auf Fachgebiete, einschließlich und ohne Einschränkung, wie Medizin, Gesundheit, Therapie und verwandte Themen beziehen. Diese Informationen werden nur zu Bildungs- und Unterhaltungszwecken bereitgestellt und sollten nicht als Empfehlung für einen bestimmten medizinischen Plan, eine Therapie oder einen Handlungsablauf verstanden werden.

Die Nutzung dieser Informationen ersetzt nicht die Konsultation eines qualifizierten Arztes, Psychologen, Gesundheitspersonals oder anderer einschlägiger Fachleute. Darüber hinaus ändern sich diese Fachinformationen schnell und können daher teilweise veraltet sein.

Sie stimmen zu, dass das gesamte Risiko, das mit der Nutzung dieser Fachinformationen verbunden ist, bei Ihnen liegt. Sie stimmen ferner zu, dass Maria Steuer, einschließlich ihrer jeweiligen Vertreter, nicht, weder direkt noch indirekt, verantwortlich oder haftbar gemacht werden kann für Verluste oder Schäden jeglicher Art oder Schäden jeglicher Art, die aus oder in Verbindung mit Ihrer Nutzung oder Ihrem Vertrauen auf solche Fachinformationen entstehen.

INHALTSVERZEICHNIS

EINLEITUNG

*"Mit einer Kindheit voll Liebe kann man
ein halbes Leben hindurch für die kalte Welt haushalten."*
Jean-Paul (1763–1825)

Kinder zu erziehen ist eine wichtige Aufgabe.

Dieses Praxisbuch will dir dabei helfen, deine Glaubenssätze aus deiner Kindheit kennen zu lernen. Mit dieser Erkenntnis (Klarheit) schaffst du es, langfristig deine Glaubenssätze positiv zu verändern. Wenn du versuchst, als Mutter oder als Vater deiner Intuition zu folgen, bist du in der Regel in deinen kindlichen Glaubenssätzen gefangen. Es reicht nicht aus, deiner eigenen Intuition zu folgen, denn sie basiert auf deinen unbewussten Erfahrungen aus deiner eigenen Kindheit. Wir haben alle aus den Wertesystemen unserer Familienmit-glieder und unserer Vorfahren viele unbewusste Befehle, Vorstellungen und Handlungsmuster übernommen. Diese geben wir ohne Nachdenken an unsere Kinder weiter. Wir kommen nicht aus der Vergangenheit heraus, weil wir sie im Alltag meist als solche nicht wiedererkennen. Selbst die Entscheidung, das Gegenteil von dem zu leben, was wir erlebt haben, ist nur eine Form der Anpassung und nicht unbedingt eine hilfreiche Strategie. Denn wir haben nicht wirklich eine neue Entscheidung getroffen; wir haben uns nur gerade aus Unwissenheit und Protest für das Gegenteil entschieden.

Wir geben unser Wertesystem, ohne nachzudenken an unsere Kinder weiter.

Was Eltern wissen müssen.

Eltern brauchen Informationen über die emotionalen Entwicklungsschritte ihres Kindes und über die Art der Unterstützung, die ein Kind für jeden dieser Schritte benötigt.

Immer dann, wenn Kinder ein Verhalten zeigen, was sich wiederholt und uns nicht gefällt, ist das ein erster Hinweis darauf, dass es eine Verbindung zu unserer eigenen Kindheit gibt. Wenn wir diese unbewusste Verbindung zwischen dem Verhalten der Kinder und unserer eigenen Kindheit nicht kennen, sprechen wir von einem blinden Fleck. Eltern brauchen die Bereitschaft über sich selbst

Das Verhalten der Kinder spiegelt die Kindheit der Eltern wider.

und ihre Glaubenssätze nachzudenken. Je mehr Wissen sie über ihre eigene Kindheit haben, umso leichter können sie die blinden Flecken auflösen. Unsere Kinder können uns mit ihrem Verhalten zeigen, wo und wann wir unseren unbewussten Mustern folgen. Wenn du dir über deine eigene Kindheit klar geworden bist, musst du dich fragen, ob du deine eigenen Erfahrungen und Handlungen, die dir jetzt bewusst sind, an deine Kinder weitergeben möchtest.

Die Übungen in dem Praxisbuch werden dich verändern. Dadurch wirst du es schaffen unerwünschtes Verhalten deiner Kinder zu verändern. Du wirst es schaffen, deine eigenen Kinder durch deine eigene Brille zu sehen und nicht mehr durch die Brille deiner Eltern. Das mag verrückt klingen oder es ist ungewohnt so zu denken, aber am Ende des Praxisbuches wird es dir verständlich sein.

VERWENDUNG DES PRAXISBUCHES

Dieses Praxisbuch ist wie eine Heldenreise, an deren Ende mehr Gelassenheit und Freude steht. Es ist wichtig, alle Übungen durchzuarbeiten und ehrlich zu sich selbst zu sein. Arbeite auch an Übungen, die für dich herausfordernd sind. Es ist wie ein Puzzle. Einige Teile sind schnell und einfach zu platzieren und andere scheinen zunächst einfach nicht zu passen.

Du wirst mehr über deine Familiendynamik erfahren und wie diese dein Glaubenssystem im Hier und Jetzt prägt und beeinflusst. Jede Übung enthält Beispiele und detaillierte Anleitungen zur Umsetzung.

Arbeite auch an Übungen, die für dich herausfordernd sind.

Du gewinnst mehr Klarheit.

- Lerne deine unbewussten blinden Flecken kennen (wir alle haben sie!).

- Die Fragen helfen dir, deine vergrabenen Glaubenssysteme kennen zu lernen und aufzulösen.

- Erkenne, dass das, was du bei deinen Kindern als Fehler ansiehst, tatsächlich ein Geschenk sein kann.

- Befreie deine Kinder und dich selbst von unvernünftigen Erwartungen.

- Mache dir klar, dass das Verhalten deines Kindes nicht als "schlecht" bezeichnet werden muss, nur weil deine Eltern es als solches bezeichnet haben, als sie es bei dir sahen.

Finde heraus, welche Tageszeit für dich am besten ist und lege einen definierten Zeitraum fest, um dieses Praxisbuch auszufüllen. Du kannst die Übungen auch aufteilen, wenn du wenig Zeit hast. Die Hauptsache ist, sie alle zu vervollständigen.

Wenn du Fragen hast, kannst du auf der letzten Seite nachschlagen, wie du mit mir arbeiten kannst. Ich begleite dich gerne auf deinem Weg.

**"In dem Moment, in dem du dein
‚Warum' verstehst, wirst du mit Leichtigkeit
deine eigenen Lösungen und Wege finden!"**

BEGINNE DEINE HELDENREISE JETZT

Der erste Schritt deiner Reise besteht darin, eine echte Entscheidung zu treffen und dir selbst zu versprechen, dich furchtlos dem zu stellen, was du entdecken wirst, egal was. Manchmal wird es unangenehm sein, aber die Klarheit, die du am Ende erreichst, hilft dir, ein selbstbestimmteres Leben zu führen.

Schreibe dein Ziel auf.
Zum Beispiel: *Ich befreie mich aus den Wertesystemen meiner Eltern; Ich mache mich auf die Suche nach meinen blinden Flecken; Ich bin bereit, mich dem Schmerz aus meiner Kindheit zu stellen; Ich werde nicht mehr von meiner Kindheit kontrolliert; Ich werde meine Kindheit untersuchen, um die Wurzel meines Glaubenssystems zu finden; Ich bin bereit, meine unbewussten Muster aufzuspüren...*

Ich verspreche mir ...

_____

_____

_____

_____

_____

_____

_____

_____

_____

_____

_____

_____

_____

Mache eine Liste mit Situationen, die dich stören und die sich wiederholen. Schreibe dann auf, wie solche Situationen am besten ablaufen sollten.

Zum Beispiel: *wenn du die Kinder zum Essen rufst und niemand kommt (oder mit Verspätung); wenn du deinem Kind geholfen hast und keine Dankbarkeit erhältst; wenn du feststellst, dass dein Kind dich anlügt; ...*

1. ist: _____

soll: _____

2. ist: _____

soll: _____

3. ist: _____

soll: _____

4. ist: _____

soll: _____

5. ist: _____

soll: _____

6. ist: _____

soll: _____

Beschreibe deine Ideen und Wünsche, auch wenn sie dir unerreichbar erscheinen (vielleicht ist es das Gegenteil von dem, was dich stört).

1. _____

2. _____

3. _____

4. _____

5. _____

6. _____

7. _____

8. _____

9. _____

10. _____

Deine Vergangenheit und deine Muster

WIE ALLES BEGANN

„Alle großen Leute waren einmal Kinder ...
aber nur wenige erinnern sich daran."
Antoine de Saint-Exupéry (1900-1944)

Beginnen wir mit einem Beispiel:

Eine Mutter beschäftigt sich intensiv mit ihrem Baby. Die beiden machen Grimassen. Die Mama kitzelt ihr Baby und macht, was ihr sonst noch so einfällt. Aber jetzt, mittendrin in diesem aufregenden Spiel, bekommt die Mutter eine Nachricht auf ihrem Handy. Sie unterbricht kurz und konzentriert sich auf ihr Smartphone; ihre Aufmerksamkeit wird von ihrem Baby abgelenkt. Das Baby ist zuerst irritiert und versucht dann, die Aufmerksamkeit der Mutter wieder auf sich zu ziehen und die Mutter zu ermutigen, mit dem Spiel fortzufahren. Gelingt dieser Versuch nicht, sich wieder zu verbinden, wird das Baby traurig, wendet sich ab und fängt vielleicht sogar an zu weinen. Das Baby hat gerade erfahren, dass ein Smartphone wichtiger ist als es selbst. Aber auch andere Möglichkeiten sind denkbar.

Wenn das Baby beim Weinen wieder Aufmerksamkeit und Zuwendung bekommt, weil die Mutter das Smartphone wegen des Weinens weglegt, hat das Baby vielleicht gelernt, dass jeder, der weint, Aufmerksamkeit bekommt.

Wenn das Baby eine wütende Mutter durch das Weinen erlebt, eine Mutter, die sich ärgert, weil sie ihre digitale Kommunikation unterbrechen muss, dann kann es sein, dass das Baby gelernt hat, dass das Weinen Schwierigkeiten bereitet.

Ein Baby kann also die gleiche Situation erleben. Durch verschiedene Reaktionen der Mutter, macht es unterschiedliche Erfahrungen und speichert somit auch unterschiedliche Gefühle und Erinnerungen ab.

Ein Baby ist sehr sensibel und spürt sofort, wenn die Mutter abgelenkt wird. Doch nicht jede Ablenkung ist für das Baby störend! Wenn z. B. der Nachbar klingelt, kann die Mutter gemeinsam mit dem Baby zur Tür gehen, um zu schauen, wer geklingelt hat. Dabei ist das Baby in den Prozess eingebunden. Alles, was ein Baby in den ersten Lebensjahren erlebt oder vermisst, wird Teil seines Unterbewusstseins.

Alle Babys haben ein angeborenes Verlangen nach Nähe, Wärme und Geborgenheit. Ihr Hunger nach Zuwendung ist groß. Nur wenn es ihnen gelingt, die Aufmerksamkeit ihrer Bezugsperson auf sich zu ziehen, erhalten sie die für sie lebenswichtige Zuneigung.

Wie Erwachsene handeln und reagieren, wird von der frühen Kindheit geprägt.

Wie ein Mensch im späteren Leben handelt und reagiert, wird von seinen ersten Wochen, Monaten und Jahren geprägt. Auf welchem Weg er auf sich aufmerksam macht, stammt aus seiner Kindheit. Wenn ein kleines Kind nur dann Aufmerksamkeit bekommt, wenn es sich unerwünscht verhält, wird es auch das unerwünschte Verhalten immer wieder zeigen. Negative Aufmerksamkeit ist immer noch besser als gar keine Aufmerksamkeit.

Oder ein Kind bekommt immer dann mehr Zuwendung, wenn es krank ist. Wenn es dann als Erwachsener zu wenig Aufmerksamkeit bekommt, wird es diese Erfahrungen aus dem alten, bewährten Muster aufgreifen und die Krankheit als Muster benutzen, um die fehlende Aufmerksamkeit zu erhalten. Interessanter Weise haben Menschen mit einem solchen Muster häufig Kontakt zu Menschen, die bereit sind, Krankheit mit Zuwendung zu belohnen.

Das Verhalten, das ein Baby zeigen muss, um die dringend benötigte Aufmerksamkeit von der Mutter oder einer anderen Bezugsperson zu erhalten, wird somit zu einem bewährten und erfolgreichen Verhaltensmuster im Erwachsenenalter.

Die Summe aller Überzeugungen, die du aus deiner Kindheit mitnimmst, nennt man auch einen Lebensplan. Dieser Lebensplan ist wie ein Tattoo, ein Stempel, der uns prägt. Ein Mensch folgt im Laufe seines Lebens immer wieder denselben erlernten Verhaltensmustern.

Wenn beispielsweise ein Kind zur Strafe in sein Zimmer geschickt wird, weil es lautstark seine Wut ausdrückt, kann es die Ansicht entwickeln, dass es nicht in Ordnung ist, wütend zu sein oder nicht liebenswert zu sein, wenn es wütend ist. Das Kind speichert diese Erfahrung und möchte die Wiederholung der schlechten Erfahrung in Zukunft vermeiden.

> Ein Mensch folgt im Laufe seines Lebens immer wieder denselben, erlernten Verhaltensmustern.

Als Konsequenz versucht die Person im Erwachsenenalter Situationen zu vermeiden, die unangenehm zu werden drohen. Erwachsene, die als Kind gelernt haben, dass sie nicht liebenswert sind, wenn sie wütend sind, entwickeln Verhaltensmuster, die solche Erfahrungen vermeiden. Als Erwachsene können sie besonders friedlich sein und immer das Gleichgewicht suchen. Sie unterdrücken ihre Wut, wann immer es möglich ist, auch wenn es angebracht wäre, sie auszudrücken. Anstatt auf den Tisch zu hauen, wenn ihre berechtigten Interessen missachtet werden, ziehen sie sich zurück, weil sie aus ihren bisherigen Mustern nicht herauskommen.

Das in der frühen Kindheit entwickelte unterbewusste Lebensskript schreibt diese Verhaltensweisen vor.

Was wäre gewesen, wenn die Eltern auf die Wut ihres Kindes anders reagiert hätten und ein kurzes, nicht konfrontatives Feedback gegeben hätten, wie zum Beispiel: „Ich sehe, du bist ziemlich wütend." Häufig hilft es dem Kind schon, die verschiedenen Gefühle zu akzeptieren, anstatt sie als unerwünscht abzustempeln.

> Das in der frühen Kindheit entwickelte unbewusste Lebensskript lenkt deine Verhaltensweisen.

Schon früh im Leben beginnt das Kind zu verinnerlichen, welche Werte in der Familie gelebt und zum Ausdruck gebracht werden. So schreibt das Kind sein ganz persönliches Regelwerk. Der Grund ist einfach: würde das Kind sich nicht anpassen, würde es weniger beachtet werden. Es lernt, wer es sein soll, um in diesem Wertesystem die so dringend benötigte Liebe zu erfahren.

Sowohl Liebe als auch Zuwendung sind die emotionale Nahrung für alle Babys und Kleinkinder. Deshalb tun Kinder alles, um diesen familiären Vorstellungen gerecht zu werden. Die Summe aller Erfahrungen mit unseren Gefühlen und die Erfahrungen der frühen Kindheit bilden somit unseren unbewussten Lebensplan.

DEIN STAMMBAUM

„Das Leben der Eltern ist das Buch, in dem die Kinder lesen."
Augustinus Aurelius (354–430)

Jedes Familiensystem ist einzigartig.

Jedes Familiensystem, jede Familiendynamik ist einzigartig. In allen Familien gibt einige hilfreiche und einige nicht hilfreiche Dynamiken. Praktisch alles, woran wir als Erwachsene glauben – was wir weitergeben und was unser Standpunkt ist –, wird durch unsere frühen Beziehungserfahrungen bestimmt. Ob wir denken, dass sich alles um uns selbst drehen muss, ob wir denken, dass wir besondere Anstrengungen unternehmen müssen, um erfolgreich zu sein, ob wir denken, dass wir keine Aufmerksamkeit verdienen – die Liste ist endlos.

Unsere Eltern sind unsere erste Beziehung, unsere erste Liebe. Sie tragen maßgeblich dazu bei, wie unsere ersten Erfahrungen geprägt werden.

Unsere Eltern hatten aber auch eigene Eltern. Ihr Umgang mit uns hängt daher auch von ihrer ersten Beziehung zu ihren Eltern ab. Eine Kindheit kann nie isoliert betrachtet werden. Sie ist Teil einer Kette von Kindheiten früherer Generationen einer Familie. Selbst die Qualität der Ehe der Großeltern kann die Ansichten, Erfahrungen und Handlungen der Enkel beeinflussen. Es geht sogar so weit, dass unsere Eltern und unsere Vorfahren unsere Berufswahl, unsere Partnerwahl beeinflussen.

Die schmerzlichsten Erfahrungen unserer Vorfahren, die zum Großteil nicht verarbeitet wurden, werden in sogenannten Seelenkapseln an die nachfolgenden Generationen weitergegeben. Eine solche Seelenkapsel öffnet sich manchmal erst nach zwei oder drei Generationen. Diese geöffneten Seelenkapseln können als Essstörung, Angststörung oder Depression dramatisch sichtbar werden, um nur einige Beispiele zu nennen. Ein solches Ereignis scheint also wie ein unerwarteter und unvorbereiteter Schicksalsschlag aus heiterem Himmel zu kommen.

ÜBUNG 1: DEIN EMOTIONALER STAMMBAUM

Eine gute Möglichkeit, mehr über sich selbst und sein Familiensystem zu erfahren, ist das Aufzeichnen eines Stammbaums. Du kannst dafür auf einem Blatt Papier oder auf elektronischen Geräten arbeiten.

Versuche es bis zu deinen Urgroßeltern zurückzuverfolgen. Beginne damit, was du bereits weißt. Eine gute Methode ist es auch, die Familienmitglieder selbst zu befragen, was sie wissen oder welche Geschichten ihnen einfallen. Einen vollständigen Stammbaum zu erstellen kann ein intensiver Prozess sein. Großeltern, Eltern, Onkel, Tanten und Freunde der Familie sind wichtige Quellen. Achte auf Wiederholungen im Lebenslauf deiner Familienmitglieder, achte besonders auf Muster, die sich wiederholen. Viel Spaß auf der Reise ins Familiensystem beim Entdecken von Wiederholungen.

- Ordne Menschen einer Generation auf einer Ebene an.
- Vermerke neben den Personensymbolen das Alter.
- Bei Verstorbenen vermerke das Datum oder das Alter neben dem Symbol.
- Kennzeichne dich selbst farbig.
- Kennzeichne die Menschen, die auf dich einen besonderen Einfluss hatten.

Familienstammbaum

Du kannst die folgenden Zeichen verwenden:

Weiblich	weiblich, verstorben	Verheiratet
Männlich	Männlich, verstorben	Trennung
Zurzeit schwanger	Fehlgeburt, Abtreibung	Scheidung
Eineiige Zwillinge	Zweieiige Zwillinge	Nicht verheiratet
Adoptiert	Pflegekind	

- Gib zusätzlich Berufe ein und besondere Schicksalsschläge, Krankheiten und Todesursachen.

- Mache dir Notizen zu besonderen Ereignissen, die dir wichtig sind.

- Möglicherweise fallen dir Dinge auf, die hier in der Beschreibung nicht erwähnt werden. In diesem Fall kannst du deine eigenen Symbole erfinden.

Ein Beispiel:

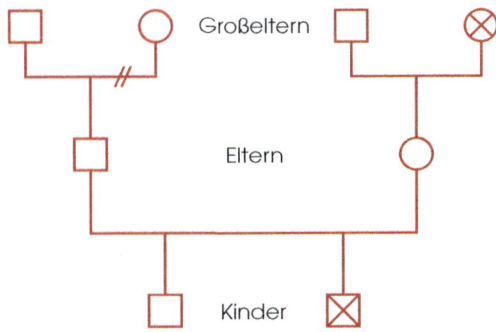

Erstelle hier deinen Stammbaum:

ÜBUNG 2: ERINNERUNG AN DEINE ELTERN

Erinnere dich an deine Kindheit und finde Antworten auf folgende Fragen:

1. Haben deine Eltern ausreichend auf dich reagiert, wie du es brauchtest?

_____

_____

_____

_____

2. War deine Mutter glücklich, mit dir schwanger zu sein?

_____

_____

_____

_____

3. Warst du ein Kind der Liebe, ein gewünschtes Kind?

_____

_____

_____

_____

4. Hatten deine Eltern das Gefühl, geliebt zu werden?

_____

_____

_____

_____

5. Durftest du so sein wie du bist oder musstest du bestimmte Anforderungen und Erwartungen erfüllen?

_____

_____

_____

_____

6. Konntest du dich entwickeln, konntest du deine eigenen Interessen verfolgen?

_____

_____

_____

_____

7. Warst du eingeschüchtert und fühltest dich in deinen Möglichkeiten behindert?

_____

_____

_____

_____

8. Hast du Unterstützung und Ermutigung bekommen? Hattest du das Gefühl, allein gelassen zu werden?

_____

_____

_____

_____

ÜBUNG 2: ERINNERUNG AN DEINE MUTTER

Um genauer zu werden, erinnere dich nun an deine Mutter!

1. War ich gewollt?

_____

_____

_____

_____

2. Wurde ich geliebt? (um meiner selbst willen oder nur, wenn ich die Erwartungen erfüllte?)

_____

_____

_____

_____

3. Durfte ich so sein, wie ich wollte (je nach meinen Möglichkeiten und Grenzen)? Oder musste ich Erwartungen und Standards erfüllen?

_____

_____

_____

_____

ÜBUNG 4: ERINNERUNG AN DEINEN VATER

1. Durfte ich mich entwickeln? (Oder war ich eingeschüchtert und wurde behindert?)

---

2. Erhielt ich nützliche Anleitung, Unterstützung, Ermutigung? (Oder blieb ich allein?)

---

3. Hat mein Vater an mich geglaubt und hat er meine Schwachstellen akzeptiert?

ÜBUNG 5: GELIEBT VS. UNGELIEBT

Erstelle nun eine Liste, welche Eigenschaften in deiner Familie wünschenswert waren und welche nicht. Erinnere dich in der linken Spalte an Situationen, in denen du dich gut und geliebt gefühlt hast, und in der rechten Spalte an Situationen, in denen du bestraft oder abgelehnt wurdest.

Deine Eigenschaften, die beliebt waren und für die du dich geliebt fühltest	Deine Eigenschaften, die nicht akzeptiert wurden und für die du möglicherweise auch bestraft wurdest
1.	1.
2.	2.
3.	3.

4.	4.
5.	5.
6.	6.
7.	7.

Deine Gegenwart und deine Muster aus der Vergangenheit

DEIN GESCHENK

"The best way to make children good is to make them happy. "
("Der beste Weg, Kinder gut zu machen, ist, sie glücklich zu machen.")
Oscar Wilde (1854-1900)

Jetzt ist es an der Zeit, von der Vergangenheit in die Gegenwart zu wechseln und dein Bewusstsein zu schärfen.

Vielleicht können Eltern dankbar sein, dass ihre Kinder sie täglich daran erinnern, dass es wichtig ist, sich an die eigene Kindheit zu erinnern. Wenn dein Kind wiederholt Fehlverhalten zeigt, welches dich nervt oder emotional aufbringt, dann kannst du dir sicher sein, dass alte Gefühle aus deiner Kindheit beteiligt sind. Kinder schaffen es immer wieder, diese alten Gefühle in dir zu reaktivieren. Sie haben den besten Zugang zu dir, weil du ihnen tief und emotional verbunden bist. Wenn das Kind alte Gefühle in dir reaktiviert, bist du emotional betroffen aus dem alten Gefühl heraus und reagierst mit den alten Mustern aus deiner Kindheit. Es ist wichtig zu lernen, die alten nicht hilfreichen Gefühle der Kindheit von den angemessenen Gefühlen von heute zu unterscheiden. Wenn wir im Zusammensein mit unseren Kindern von Gefühlen überschwemmt werden und wie fremd gesteuert reagieren, können wir davon ausgehen, dass Kindheitserinnerungen getriggert worden sind. Diese starken Gefühle bringen uns dazu, wie ein Kind und nicht wie ein Erwachsener zu reagieren.
Schauen wir uns zur Verdeutlichung ein Beispiel an:

Stelle dir vor, deine Tochter kommt von der Schule nach Hause, wirft ihren Rucksack in die Ecke und schreit: „Diese dumme Nina, sie ist nicht mehr meine Freundin!" Für den Fall, dass das dein Trigger ist, würdest du merken, wie die Gefühle in dir hochkochen. Dir fallen sofort viele Ratschläge ein, um ihr in dieser Situation ihrer vermeintlichen Enttäuschung zu helfen,

> **Unbewusst reagieren wir mit den Gefühlen aus unserer eigenen Kindheit.**

aber sei vorsichtig: Du kannst derjenige sein, der Enttäuschung empfindet und gleichzeitig ein Gefühl der Wut hat. Deine Tochter hat möglicherweise nicht das gleiche Gefühl, wie du. Deine eigene Wut hat ihren Ursprung in den Erfahrungen deiner eigenen Kindheit. Du solltest dich vergewissern, ob deine Tochter tatsächlich wütend ist oder wirklich genauso fühlt wie du. Du solltest also die Realität überprüfen, anstatt aus den Erfahrungen aus deiner eigenen Kindheit zu reagieren.

Bist du dir sicher, dass deine Ratschläge deinem Kind weiterhelfen können? Könnte es auch sein, dass es auch Ratschläge **Denke immer daran, die Realität zu überprüfen.** deiner Mutter sind, die sie dir gegeben hat in deiner Kindheit aufgrund ihrer eigenen Erfahrungen?

Atme tief durch und mache einen Realitäts-Check, bevor du sprichst. Frage deine Tochter zum Beispiel: „Was passiert jetzt mit dir und Nina?" Stelle dir dein Erstaunen vor, wenn du ihre Antwort hörst: „Oh, sie ruft wahrscheinlich später an und will wieder mit mir spielen!"

Du hast also deine eigene Kindheit mit der Kindheit deiner Tochter verwechselt. Dein blinder Fleck ist der Umgang mit Wut und Enttäuschung. Deine Tochter hat deine alten Gefühle aus deiner Kindheit getriggert.

Du wärst sofort mit allen möglichen Ratschlägen dabei gewesen, die dir damals in deiner Kindheit vielleicht nicht wirklich geholfen haben. Und somit **Lerne deine eigene Kindheit von der deines Kindes zu unterscheiden.** hättest du dein eigenes Problem des Umgangs mit Enttäuschung und Wut ungefiltert an deine Tochter weitergegeben. Deine alten Gefühle gehören in deine Vergangenheit und haben im Hier und Jetzt bei deiner Tochter keinen Platz.

ÜBUNG 1: LERNE DEINE BLINDEN FLECKEN KENNEN

In dieser Übung ist deine tägliche Beobachtung erforderlich. Trage am besten immer einen Stift und ein kleines Notizbuch bei dir und schreibe auf, wenn du dich in Situationen befindest, in denen du nicht sein willst oder dich festgefahren fühlst.

Schreibe, wenn möglich, die ersten beiden Punkte **sofort** auf:

1. Schreibe die aktuelle Situation auf, in der du dich mit anderen Personen befindest.

2. Schreibe auf, welche Gefühle du hast.

3. Erinnere dich an eine ähnliche Situation aus deiner Kindheit und schreibe diese auf.

4. Erinnerst du dich an dein Gefühl von damals? Schreibe es auch auf.

Beispiel:

Personen	*meine Tochter, ich*
Gefühl	*überwältigend, Wut, Enttäuschung*
Erinnern	*eigene Mutter hat mir den Ratschlag gegeben, mich zu wehren*
altes Gefühl	*hilflos sein, deshalb soll sich meine Tochter wehren können*

Aktuelle Situation 1

Personen _____

Gefühl _____

Erinnern _____

altes Gefühl _____

Aktuelle Situation 2

Personen _____

Gefühl _____

Erinnern _____

altes Gefühl _____

Aktuelle Situation 3

Personen _____

Gefühl _____

Erinnern _____

altes Gefühl _____

Aktuelle Situation 4

Personen _____

Gefühl _____

Erinnern _____

altes Gefühl _____

Aktuelle Situation 5

Personen _____

Gefühl _____

Erinnern _____

altes Gefühl _____

Aktuelle Situation 6

Personen _____

Gefühl _____

Erinnern _____

altes Gefühl _____

Aktuelle Situation 7

Personen _____

Gefühl _____

Erinnern _____

altes Gefühl _____

Liste so viele Situationen auf, wie du möchtest.

Nachdem du eine Woche lang Tagebuch geführt hast, erstelle eine Liste der Situationen, die sich am häufigsten wiederholt haben.

_____

_____

_____

_____

_____

Kannst du ein Muster erkennen?

Schaue genauer hin. Was ist das Wichtigste auf deiner Liste? Wähle nun deine Priorität. Du solltest nur einen Punkt auf der Liste wählen, den du verändern möchtest.

ÜBUNG 2: REALITÄTSCHECK

Achte auf starke Gefühle in deinem Alltag. Wenn sie dich aus den Schuhen pusten oder umhauen, kannst du dir sicher sein, dass gerade jemand einen Finger in deine Wunde gelegt hat.

Gönne dir einen Realitäts-Check. Atme tief durch und frage dich bewusst:
1) Was ist die Realität in dieser Situation gerade?
2) Was fühle ich?
3) Sind diese Gefühle aus meiner Vergangenheit?

Anstatt aus deinem Unterbewusstsein und aus alten Gefühlserfahrungen zu reagieren, atme tief durch, beruhige dich und triff eine neue Entscheidung.

Das Gefühl meines Gegenübers	Das Gefühl aus meiner Kindheit
1.	1.
2.	2.

3.	3.
4.	4.
5.	5.
6.	6.

ÜBUNG 3: ACHTE DARAUF, WAS DU SAGST

Das zweite Aufmerksamkeitstraining für diese Woche besteht darin, dass du deine Sprache beobachtest. Wir alle sind kaum in der Lage, Situationen neutral zu beobachten. In der Regel beurteilen wir innerhalb von Sekunden Verhaltensweisen und Situation im Sinne unseres Glaubenssystems. Wie schnell sagst du: *„Das ist gut"* oder *„Das ist schlecht"*?

Welche Verhaltensweisen beurteilst du bei Menschen? Schreibe dies auch in Stichworten auf. Wenn du es kannst, denke daran, von wem du das schon einmal gehört hast.

Schlüsselwörter oder Sätze   **Wer sagte dir das?**

_____   _____

_____   _____

_____   _____

_____   _____

_____   _____

_____   _____

_____   _____

_____   _____

_____   _____

_____   _____

_____   _____

_____   _____

_____   _____

ÜBUNG 4: RUNDER TISCH

Schließe die Augen und stelle dir einen runden Tisch vor, an dem fünf Leute sitzen und über dich sprechen. Auf dem einen Sitz sitzt du z. B. als Großmutter, auf dem anderen als Mutter, als Teenager, du als Kind und du als Ungeborener. Wichtig sind Vertreter aus jeder Generation. Stelle den einzelnen Personen nun eine Frage, über die du mehr wissen möchtest, und höre ihnen zu. Was sagen sie und welche Antworten bekommst du?

_____

_____

_____

_____

_____

_____

_____

_____

ÜBUNG 5: MEHR KLARHEIT IN DIE VERGANGENHEIT

„Wer sich seiner Vergangenheit nicht erinnert,
ist dazu verdammt, sie zu wiederholen."
Georg Santayana 1863-1952

Bevor wir uns der letzten Übung zuwenden, wollen wir noch einmal reflektieren, um mehr Klarheit zu bekommen.

Wenn du jetzt das Gefühl hast, jetzt reicht es, jetzt weiß ich genug über meine Kindheit, dann ermutige dich selbst weiterzumachen. Du bist jetzt schon so weit gekommen. Es lohnt sich.

In welcher Situation möchtest du nie sein? (Beispiel: *Ich möchte nie mehr in einer Situation sein, in der man über mich lacht!*)

_____

_____

_____

_____

Diese Situation ist mit welchem Gefühl verbunden?

_____

_____

_____

_____

Erinnerst du dich an eine Situation bei einem deiner Eltern, in der das gleiche Gefühl auftrat?

_____

_____

_____

_____

Was war dein Wunsch - wie hätten deine Eltern auf dich reagieren sollen, damit du dich nicht so hättest fühlen müssen?

_____

_____

_____

_____

_____

Was hast du bei deinen Eltern vermisst?

_____

_____

_____

_____

Wie möchtest du in der Situation sein, damit du dich wohl fühlst und
nicht mehr feststeckst?

_____

_____

_____

_____

Stelle dir eine Reaktion vor, du würdest anders reagieren in einer solchen
Situation. Wie sähe diese neue Reaktion aus? Was hält dich davor zurück,
es auszuprobieren?

_____

_____

_____

_____

GEHEN WIR JETZT IN RICHTUNG DEINER ZUKUNFT

„Die Arbeit läuft dir nicht davon, wenn du deinem Kind einen Regenbogen zeigst. Aber der Regenbogen wartet nicht, bis du mit der Arbeit fertig bist."
Chinesische Weisheit

Die entwickelten Verhaltensmuster aus der Kindheit basieren auf dem Bedürfnis nach Fürsorge und Liebe. Eng damit verbunden ist die Angst, die Zuneigung zu verlieren, wenn wir uns nicht an die Familienregeln halten. Diese unbewusste Angst bleibt uns im Erwachsenenalter erhalten und macht es uns fast unmöglich, von unserem früh gelernten Verhalten abzuweichen. Als Erwachsene glauben wir unterbewusst immer noch tief im Inneren, dass wir die Liebe unserer Eltern verlieren, wenn wir anders handeln als wir es gelernt haben, und natürlich verstehen wir, dass dies ein großes Unglück für uns wäre.

Bedauerlicherweise ist die unbewusste Erfüllung unseres Lebensplans für uns von so grundlegender Bedeutung, dass wir sogar bereit sind, die Realität neu zu interpretieren, falsch einzuschätzen und

> Wir passen die Realität dem Lebensplan an und nicht den Lebensplan an die Realität.

an unseren Lebensplan anzupassen. Wir passen die Realität dem Lebensplan an und nicht den Lebensplan an die Realität. Wenn ich also z.B. feststelle, dass meine Beziehungen immer wieder scheitern, könnte das mit meinem Lebensplan zusammenhängen. Vielleicht habe ich in der Kindheit unbewusst entschieden, dass ich nicht liebenswert genug bin für eine lang andauernde Beziehung. Selbst dann, wenn es einen Partner gäbe, der bereit wäre, bei mir zu bleiben, würde ich ihm nicht trauen, weil das meinem Lebensskript nicht entspricht. Dieser Vorgang findet im Unterbewusstsein statt.

Ein kleines Kind stellt die elterlichen Anweisungen, Regeln und Prinzipien nicht in Frage. Kinder können diese Leitlinien weder beurteilen noch einschätzen, da ihre Denkfähigkeiten noch nicht vollständig entwickelt sind.

Vielmehr sucht das Kind nach Hinweisen, was es machen kann, um seinen Eltern zu gefallen oder zumindest ihre Aufmerksamkeit zu erzeugen.

Mit diesen inneren Überzeugungen stoßen wir auf ein Dilemma: Wir wollen, dass die Welt so ist, wie sie uns unsere Eltern erklärt haben. So wie wir es erlebt haben. Wenn wir bewusst sehen und erleben würden, dass die Welt anders ist, als wie wir sie erklärt bekommen haben, dann müssten wir uns eingestehen, dass unsere Eltern sich geirrt haben. Und das wollen wir nicht wahrhaben.

DER TREUEVERTRAG

„Kinder müssen mit Erwachsenen sehr viel Nachsicht haben.“
Antoine de Saint-Exupéry (1900-1944)

Als Kind hatte niemand passende Eltern – solche Eltern, die uns das hätten geben können, was wir als Kinder gebraucht hätten. Eltern tragen Defizite aus ihrer eigenen Kindheit mit sich, die ihr eigenes Leben beeinträchtigen. Solange Eltern ihre Defizite nicht kennen, geben sie sie an ihre Kinder weiter.

Ein Defizit könnte beispielsweise sein, wenn eine Mutter, die sich als Kind nicht geliebt gefühlt hat, nun von ihrem Kind erwartet, dass sie von ihm diese Liebe bekommt. Ein Vater, der seinen Traumberuf nie erfüllen konnte, erwartet nun, dass sein Kind diesen Job macht. Er projiziert seine eigenen unerfüllten Träume in zukünftige Fantasien und Erwartungen an sein Kind.

...wenn Eltern wüssten, welche weitreichenden Auswirkungen ihr Verhalten auf ihre Kinder haben...

Eine Mutter verwechselt ihre eigene Bedürftigkeit mit Liebe, deshalb wird sie sich dem Kind nur dann liebevoll zuwenden, wenn dieses Kind ihre Bedürfnisse befriedigt und ihre Erwartungen erfüllt. *„Sei so, wie ich dich will und dich brauche.“* Das Kind lernt, dass es schuld ist, wenn die Mutter unzufrieden oder unglücklich ist. Dieses Kind wird erfolglos bleiben, die Liebe der Mutter zu bekommen aber die Hoffnung nicht aufgeben.

Wie sollten Eltern mit ihren Defiziten umgehen? Was sind ihre Möglichkeiten? Die Antwort ist ganz einfach: Wenn Eltern wüssten, welche weitreichenden Auswirkungen ihre Verhaltensmuster auf ihre Kinder haben, würden sie an diesen Mustern arbeiten und sie verändern. Sie würden zwischen ihrem Wunsch und dem Wunsch ihres Kindes unterscheiden.

Die meisten Eltern kennen die Ursachen und Auswirkungen ihrer Defizite nicht. Im Gegenteil, sie meiden sie, um die alten, starken, schmerzhaften Gefühle aus der eigenen Kindheit nicht noch einmal durchleben zu müssen.

Kinder wollen ihre Eltern stärken und heilen. Kinder wissen intuitiv, was ihren Eltern fehlt, um geeignete Eltern zu sein. Kinder glauben, dass sie ihre Eltern heilen können, wenn sie den Eltern den Teil von sich selbst geben, der den Eltern fehlt. Dadurch kann das Kind diesen Teil seiner eigenen Persönlichkeit nicht mehr erfahren und leben. Kinder sind bereit, diesen Preis zu zahlen, damit die Eltern in ihrer Vorstellung dann perfekt sind – perfekt und passend, wie das Kind sie braucht. Daher schließt jedes Kind mit seinen Eltern einen Treuevertrag ab. Wir schließen jeweils einen eigenen Treuevertrag mit unserer Mutter und einen weiteren mit unserem Vater ab.

> Kinder wissen intuitiv, was ihren Eltern fehlt, um passende Eltern zu sein.

Schauen wir uns ein Beispiel an:

ANNA'S TREUEVERTRAG

Eine Mutter – nennen wir sie Anna – sitzt im Sommer am Beckenrand. Ihre Jungs sind ausgelassen, voller Lebensfreude und toben im Wasser. Ihre Tochter Lena sitzt neben ihr, will aber nicht mitmachen. Sie ist das kleinste, jüngste der Kinder. Anna wird von ihren Jungs gerufen, an diesem wunderbaren Spektakel der Lebensfreude teilzunehmen. Sie beobachtet gerne ihre Kinder, merkt aber auch, dass es für sie unmöglich ist, an diesem Spiel mitzumachen. Etwas hindert sie daran, an dieser Lebensfreude teilzunehmen. Sie bleibt am Beckenrand stehen, mit dem Gefühl, dass etwas fehlt.

Die Analyse dieser Situation bringt Erstaunliches ans Licht. Anna ihrerseits hatte eine Mutter (Emma), der es an Lebensfreude fehlte. Um eine passende Mutter zu bekommen, um den Glanz in Emmas Augen zu sehen, hatte Anna ihrer

> **Anna hatte ihrer Mutter bereits in früher Kindheit ihre eigene Lebensfreude geschenkt.**

Mutter schon in früher Kindheit ihre eigene Lebensfreude geschenkt. Als Kind glaubte Anna, dass mit ihrem Geschenk „Lebensfreude" ihre Mutter Emma dann viel Spaß mit ihr haben könnte. Hier wird der unausgesprochene, unbewusste Treuevertrag des Kindes (Anna) an die Mutter (Emma) formuliert, nie mehr Lebensfreude zu verspüren, als die Mutter jemals hätte empfinden können.

Wenn in diesem Fall Anna große Lebensfreude empfinden würde, dann würde der Mutter Emma dieser wunde Punkt in ihrem Leben wieder bewusst. Es würde Emma schmerzlich berühren, wenn sie sehen würde, was sie als Kind mit erlaubter Lebensfreude hätte erleben können. Emma würde einsehen müssen, wie viel glücklicher sie gewesen wäre, wenn sie die Erlaubnis bekommen hätte, das Leben zu genießen.

Emma brauchte die Erlaubnis, lebenslustig zu sein aber nicht von ihrem Kind, sondern von ihren eigenen Eltern. Emma konnte das Geschenk ihrer Tochter Anna nicht einmal wahrnehmen, geschweige denn akzeptieren. Die gegebene Lebensfreude des Kindes nützt daher weder der Mutter noch dem Kind. Die Lebensfreude von Mutter und Tochter wird von beiden nicht genutzt.

Mit anderen Worten: Wegen der Unfähigkeit der Mutter Lebensfreude zu empfinden, kann sie ihrem Kind nicht die Erlaubnis geben das Leben zu genießen. Das Kind – existenziell abhängig – verzichtet auf die Lebensfreude. Das Kind schützt somit die Mutter, und die Mutter wird nicht mit ihrem Schmerz konfrontiert. Ein Loyalitätsvertrag kann daher die Entwicklung der eigenen Persönlichkeit blockieren. Als Kind opfern wir wichtige Teile von uns für unsere Eltern, um ihnen zu helfen, die Eltern zu werden, die wir so dringend gebraucht hätten. Dadurch können wir Teile unserer eigenen Identität nicht leben. Solche von jedem von uns individuell abgeschlossene Treueverträge binden uns ein Leben lang.

> Als Kind opfern wir wichtige Teile von uns für unsere Eltern, um ihnen zu helfen, die Eltern zu werden, die wir so verzweifelt gebraucht hätten.

Jetzt verstärkt sich das oben erwähnte Dilemma:
In unserem erwachsenen Leben suchen wir immer wieder unbewusst nach Personen und Situationen, die die Richtigkeit unseres Treuevertrages bestätigen. In unserem Beispiel ist es für Anna sicherer, keine Lebensfreude zu empfinden. Sie vermeidet entsprechende Situationen (Teilnahme an der Lebensfreude im Schwimmbad) oder sie sucht sich traurige Menschen in ihrem Leben, die sie vielleicht anstelle ihrer Mutter heilen kann.

Diese Loyalität kann so weit gehen, dass wir uns Partner suchen, deren Eigenschaften und Defizite unseren jeweiligen Eltern sehr ähnlich sind. Diese Eigenschaften und Defizite sind uns sehr vertraut. Leider verwechseln wir diese Vertrautheit, das Gefühl, sich zu Hause zu fühlen, manchmal mit Liebe. Oder in anderen Worten: Wir hoffen immer wieder jemanden zu finden, der unser Geschenk der Lebensfreude endlich annimmt. Dies geschieht aus der Not, dass wir uns nicht trauen unser Geschenk zurückzunehmen.

Die Kette von Beziehungserfahrungen oder Treueverträgen kann von Generation zu Generation weitergegeben werden. In unserem Beispiel sitzt auch Lena (Annas Tochter) am Beckenrand, anstatt wild mit ihren Brüdern zu spielen. Oberflächlich betrachtet gibt es einen offensichtlichen Grund: Sie ist ein Mädchen unter allen Jungen, sie ist die Jüngste, die Kleinste.

Dabei wird vergessen, dass sie sehr erfahren im Umgang mit ihren älteren Brüdern ist und der oberflächliche Erklärungsversuch ohne Substanz ist.

In dieser Situation wäre eher das gesamte Familiensystem anzusehen. Ist es möglich, dass Anna (Lenas Mutter) der Grund für Lenas Verhalten ist? Lena hat einen Treuevertrag mit ihrer Mutter und schützt sie, indem sie am Beckenrand sitzt.

All dies geschieht unbewusst.

Manchmal fühlst du dich vielleicht festgefahren, weil du zwiespältige Nachrichten von deinen Eltern erhalten hast. Auf der einen Seite wünschen sich deine Eltern, dass du es mal besser haben solltest, als sie, aber auf der anderen Seite spürst du, dass sie es eigentlich nicht aushalten könnten.

**Treueverträge können gekündigt werden.
Um einen Treuevertrag zu kündigen, musst du zunächst
den Vertrag kennen.**

DIE SCHLÜSSELFRAGE

Beachte bei den folgenden Übungen, dass jeder von uns zwei Treueverträge hat – einen mit der Mutter und einen mit dem Vater. Es gibt den Vertrag mit dem gleichgeschlechtlichen Elternteil: also Tochter mit der Mutter oder Sohn mit dem Vater. Und es gibt den Vertrag mit dem andersgeschlechtlichen Elternteil: also Sohn mit der Mutter oder Tochter mit dem Vater.

Erinnere dich an deine Gefühle, die du als Kind vermisst hast, sie können ein Indikator deines Treuevertrages sein.

Als Frau fragst du dich:

„Worin darf ich meine Mutter nicht überrunden?"

_____

_____

_____

_____

_____

_____

_____

_____

_____

_____

Die Frage der Tochter an den Vater lautet:

„Worin darf ich meinen Vater nicht enttäuschen?"

_____

_____

_____

_____

_____

_____

_____

_____

_____

_____

Als Mann fragst du dich:
„Worin darf ich meinen Vater nicht überrunden?"

_____

_____

_____

_____

_____

_____

_____

_____

_____

_____

Die Frage des Sohnes an die Mutter lautet:
„Worin darf ich meine Mutter nicht im Stich lassen?"

_____

_____

_____

_____

_____

_____

_____

_____

_____

_____

MARIA
steuer

Deine bessere Zukunft

EIN NEUES MODELL ERSTELLEN

„You never change things by fighting the existing reality.
To change something build a new model that makes the existing
model obsolete."
(*„Du veränderst niemals die Dinge, indem du die bestehende Realität be-*
kämpfst. Um etwas zu ändern, baue ein neues Modell, das das vorhandene
Modell überflüssig macht.")
R. Buckminster Fuller (1895-1983)

Die Kündigung des Treuevertrages kommt dir vielleicht wie ein Verrat an deinen Eltern vor. Du musst den Mut haben, den Willen aufbringen, dich auf etwas Neues und Unbekanntes einzulassen. Denke daran, dass du auch Fähigkeiten erworben hast, die du jetzt nutzen kannst. Der Unterschied ist, dass du sie für dich selbst nutzt, anstatt sie zum Schutz deiner Eltern einzusetzen. Außerdem kannst du aufhören zu glauben, dass du verantwortlich dafür bist, die Defizite deiner Eltern auszugleichen.

ÜBUNG 1: PASSENDE ELTERN

Stelle dir Eltern ohne Defizite und ohne alte Wunden vor. Ohne diese Defizite und Wunden hätten wir Eltern, die perfekt passen und unsere Bedürfnisse adäquat erfüllen würden.

Diese neue emotionale Erinnerung überschreibt den alten Treuevertrag. Wir haben uns eine neue „alte" Realität geschaffen – eine erinnerte Gegenwart. Dies ist möglich, weil die gleichen Gehirnstrukturen aktiv sind, wenn wir uns an die Vergangenheit erinnern und in der Gegenwart imaginäre Szenen entwickeln.

> Ohne diese Defizite und Wunden hätten wir Eltern, die unsere Bedürfnisse adäquat erfüllen würden.

Im Alltag können wir uns eine Mutter vorstellen, die uns die richtige Aufmerksamkeit in der jeweiligen Situation gibt, eine Mutter, die so ist, wie wir sie gebraucht hätten. Wir sollten sie uns im Detail vorstellen und fühlen, wie gut sie für uns sorgt und was sie uns rät.

Die visualisierte, passende Mutter gibt dir den Wert, den du dir von deiner echten Mutter gewünscht hättest.

So heilen die Wunden aus der Vergangenheit und verwandeln sie in „reizfreie Narben".

In unserem Beispiel würde Anna sich eine Mutter so vorstellen, wie sie sie gebraucht hätte. Diese perfekt passende Mutter hätte mit ihr gespielt und Freude an ihr gehabt. Sie hätte mit ihr geschwärmt, gelacht und wäre mit ihr in den Pool gesprungen.

Anna würde denken: *„Wenn ich eine Mutter gehabt hätte, wie ich sie gebraucht hätte, wäre sie im Sommer lachend mit mir über eine Blumenwiese gelaufen und hätte sich am Ende mit mir in die Pracht der Blumen fallen lassen."*

Diese Fantasien können anfangs schwierig sein, weil sie so ungewöhnlich sind. Aber ich verspreche dir, dass es mit jeder Visualisierung einfacher wird. Vielleicht hast du sogar Gedanken, die du nie für möglich gehalten hättest. Es ist wichtig zu wissen, dass es Eltern ohne Defizite nicht gibt. Nimm dir ausreichend Zeit, um über die Fragen nachzudenken, bevor du sie beantwortest.

Denke an verschiedene Mütter, die du kennst. Schreibe für jede eine
Eigenschaft auf, die du besonders gemocht hast.

Denke an verschiedene Väter, die du kennst. Schreibe für jeden eine
Eigenschaft auf, die du besonders gemocht hast.

ÜBUNG 2: PASSENDE MUTTER

Denke über deine Glaubenssätze nach. Welche Eigenschaften sollte deiner Überzeugung nach eine gute Mutter haben?

_____

_____

_____

Was hast du bei deiner Mutter vermisst?

_____

_____

_____

Was mochtest du / magst du an deiner Mutter und was mochtest / magst du an ihr nicht?

Mag ich	Mag ich nicht

Wie sieht es bei **dir** aus? Schreibe auf, was **dir** an dir gefällt bzw. nicht gefällt:

Mag ich	Mag ich nicht

Wähle eine von denen, die dir nicht so gefällt und überlege, wo du entsprechend reagierst:

_____

_____

_____

Wie würdest du anstatt dessen reagieren wollen?

_____

_____

_____

Was hält dich davon ab, so zu reagieren?

_____

_____

_____

ÜBUNG 3: PASSENDER VATER

Denke über deine Glaubenssätze nach. Welche Eigenschaften sollte deiner Überzeugung nach ein guter Vater haben?

_____

_____

_____

Was hast du bei deinem Vater vermisst?

_____

_____

_____

Was mochtest du / magst du an deinem Vater und was mochtest / magst du an ihm nicht?

Mag ich	Mag ich nicht

Wie sieht es bei **dir** aus? Schreibe auf, was **dir** an dir gefällt bzw. nicht gefällt:

Mag ich	Mag ich nicht

Wähle eine von denen, die dir nicht so gefällt und überlege, wo du entsprechend reagierst:

_____

_____

_____

Wie würdest du anstatt dessen reagieren wollen?

_____

_____

_____

Was hält dich davon ab, so zu reagieren?

_____

_____

_____

Wir können Loyalitätsverträge nicht verhindern. Aber wir müssen erkennen, dass diese Loyalitätsverträge in unserem Erwachsenenleben keine Rolle mehr spielen müssen. In der Gegenwart behindern sie uns nur, ohne dass wir es merken. Wir müssen sie bewusst hinterfragen: Die Treueverträge, die in einem Alter geschlossen wurden, als unser Bewusstsein noch nicht ausreichend entwickelt war, haben eine lebensverändernde Wirkung. Erst wenn uns bewusst wird, dass wir für unsere eigene gesunde Entwicklung andere Eltern gebraucht hätten, verlieren die Treueverträge ihre Kraft.

Ein aufgelöster Treuevertrag wird sich positiv auf alle unsere Gewohnheiten auswirken. Wir lernen zu unterscheiden, welche unserer Handlungen unseren eigenen Lebenszielen entsprechen und welche wir zur Heilung unseres Familiensystems übernommen haben.

ÜBUNG 4: VORSTELLUNGSKRAFT

Jetzt stelle dir eine Mutter, einen Vater vor, wie du sie als Kind gebraucht hättest. Schließe die Augen, atme tief durch und sieh dir den Film in Gedanken an. Was hätte M/V mit dir unternommen, was hätte M/V dir gesagt? Fühlst du die Freude, die M/V hat, weil es dich gibt und weil du für M/V so besonders bist?

Schreibe dir deine wichtigsten Eingebungen auf. Sie werden sich ändern, je länger und häufiger du visualisierst.

Du kannst auch einfach in ein paar Sätzen schreiben, was anders gewesen wäre, wenn die passenden Eltern für dich da gewesen wären, als du klein warst.

„Wenn meine passende Mutter/mein passender Vater" da gewesen wäre, als ich klein war, dann hätte sie/er …

_____

_____

_____

_____

_____

_____

_____

Jetzt kannst du jeden Tag deiner Fantasie freien Lauf lassen. Wenn du in Situationen gerätst, in denen du feststeckst, nicht vorankommst oder dich sogar überfordert fühlst, frag einfach: *„Wenn du jetzt als meine ideale Mutter/als mein indealer Vater für mich da wärst, was würdest du mir jetzt raten?"*

Schreibe auf, was dir hilft:

_____

_____

_____

_____

_____

_____

_____

Nach all diesen Übungen, die dir geholfen haben, mehr Klarheit über den Einfluss deiner Kindheit zu gewinnen, ist es Zeit für etwas Neues:
Was ist deine Entscheidung? Was möchtest du ändern?

UND WAS JETZT?

Herzlichen Glückwunsch!

Du hast einen großen Schritt in eine Richtung getan, die dir helfen wird, besser zu verstehen, warum du bist, wie du bist. Dies wird dir helfen, neue Entscheidungen zu treffen, die deine eigenen sind und nicht mehr die, die von deinen Erfahrungen aus deiner Kindheit bestimmt werden. Es wird dir jeden Tag leichter fallen. Es wird Veränderungen geben, die dir leichtfallen, die du sofort umsetzen kannst. Und andere, wo du länger beschäftigt sein wirst. Manchmal wirst du sogar überrascht sein, dass sich Veränderungen automatisch ergeben.

Deine Gewohnheiten werden sich ändern, weil du ihre Ursache, das Muster, jetzt kennst.

Alle deine Beziehungen, nicht nur die zu deinen Kindern, werden sich verändern.

Manchmal fühlt es sich leer an, weil alte Gewohnheiten nicht mehr passen und sich die neuen noch nicht vertraut anfühlen. Das bedeutet: Du bist auf dem richtigen Weg.

Wann immer du Unterstützung benötigst oder Fragen hast, ist Maria Steuer für dich da.

Weitere Informationen findest du auf der nächsten Seite.

Arbeite mit mir.

Hallo, ich bin Maria.

Auf meiner Website findest du verschiedene Möglichkeiten, mit mir zu arbeiten: **mariasteuer.com/parenting-class-online/**

Ich bin für dich da, um dich auf deinem Weg zur nächsten Stufe in deinen Beziehungen zu unterstützen! Du wirst dein Selbstwertgefühl ausbauen und entspannter und glücklicher leben.

Und wenn du noch tiefer und mit mehr Hilfestellungen an dir arbeiten möchtest: Ich biete dir auch gerne persönliche Coachings an. Schreibe mir dazu einfach eine Mail.

Ich freue mich auf dich.

Meine Beziehungscoachings

für alle, die:

- sich mehr vom Leben erhoffen
- sich auf positive Art und Weise verändern wollen

Meine Programme sind alle inspirierend und, dank praktischer Orientierungshilfe, einfach nachzufollziehen. Sie beinhalten neben aufschlussreicher Lektüre auch Übungen mit Audiodateien für die Offlineanwendung. Weitere Informationen findest du auf: **mariasteuer.com/relationship-coaching/**

Elternkurs
Für glücklichere Kinder

Beziehungsberatung
Für eine glücklichere Beziehung

Lebensberatung
Für ein erfülltes Leben

Mitgliedschaft
Für regelmäßige Unterstützung

Expertenmeinungen

Maria Steuer has brilliantly shared her own wisdom, experience and understanding in a way that can truly save you years of time and help prevent you from going down a challenging road.

If you are looking for guidance that can help transform your parenting in a positive way, look no further than the pages of this wonderful book, "Your Childhood Holds the Key.

Peggy McColl
New York Times Best Selling Author

I know Maria because we have a common interest: The enormous and life-determining influence of childhood on the social climate in our society concerns us both. We need more attention in our society for the conditions in which children grow up. Maria is deeply committed and has a special way of bringing people to the source of their relationships and feelings. I wish her the best to bring a paradigm shift to our society.

Jay Belsky
Professor of Human Development at the University of California, Davis, Child Psychologist & Author

"Your Childhood Holds the Key" is a must read for everyone. Through generational and environmental conditioning, we inherit the best and not-so-best traits from our parents. By the time we're in grade school, the groundwork has been laid and our paradigm is set.

If a child is raised with praise, that child will grow up to be a confident adult. Conversely, if a child is raised in an environment where "no" is often heard, the child quickly adapts and stops asking questions and will quite often adapt an attitude of "no."

Children should be encouraged to take risks, to think for themselves, to make mistakes, and to learn and to grow from their mistakes. "Your Childhood Holds the Key: How to Improve Parenting Skills" is the perfect guide for every parent to read to better understand their children and themselves."

Bob Proctor
Teacher in The Secret and best-selling author of "You Were Born Rich"

Das Buch

Das Buch „Der Schlüssel liegt in deiner Kindheit – Raus aus der Ohnmacht" hilft dir zu verstehen, warum du denkst, wie du denkst und gibt dir gleichzeitig die nötige Klarheit die du brauchst, um dich selbst und deine Kinder von unnötigen Erwartungen zu befreien, damit ihr als Familie aufblühen und gedeihen könnt.

Kaufbar auf Amazon.

Wolke 5 – Das Spiel

Wenn ich mal nicht auf Wolke 7 bin, dann spiele ich einfach Wolke 5. Für Jung und Alt! Ein in Handarbeit hergestelltes Spiel für 2 Personen.

Spielt das Spiel, wenn Ihr einen Konflikt mit jemandem lösen oder ein kritisches Feedback geben möchtet. Ihr könnt es zu einem wertvollen Ritual werden lassen. Ihr werdet sehen, wie es Euch hilft.

Zu finden auf wolkefuenf.de

Persönliche Notizen:

Der Schlüssel liegt in deiner Kindheit

PRAXISBUCH

Der Schlüssel liegt in deiner Kindheit
PRAXISBUCH

Printed by Amazon Italia Logistica S.r.l.
Torrazza Piemonte (TO), Italy

42256158R00045